ALFAGUARA
INFANTIL-JUVENIL

MARÍA ELENA WALSH

Tutú Marambá

Ilustraciones
NANCY FIORINI

1960, María Elena Walsh

De esta edición:

2000, Aguilar, Altea, Taurus, Alfaguara S.A.
Beazley 3860 (1437) Buenos Aires

ISBN: 950-511-635-7

Hecho el depósito que marca la ley 11.723
Impreso en la Argentina. Printed in Argentina

Primera edición: septiembre de 2000
Quinta reimpresión: julio de 2004

Dirección editorial: Herminia Mérega
Sub-dirección editorial: Lidia Mazzalomo
Edición: María Fernanda Maquieira
Seguimiento editorial: Verónica L. Carrera
Diseño y diagramación: Michelle Kenigstein

Una editorial del Grupo **Santillana** que edita en:
España • Argentina • Bolivia • Brasil • Colombia
Costa Rica • Chile • Ecuador • El Salvador • EE.UU.
Guatemala • Honduras • México • Panamá • Paraguay
Perú • Portugal • Puerto Rico • República Dominicana
Uruguay • Venezuela

Tutú Marambá

Distinguidísimos señores niños:

Tutú Marambá es un duende brasileño feo y malo, según cuenta la leyenda. Se parece a nuestro "cuco", al que por suerte ningún chico ha visto.

A pesar de estos pésimos antecedentes del señor Marambá, decidí, con el permiso de ustedes, robarle el nombre para ponérselo a este libro. ¿Por qué? Porque suena lindo. ¿Por qué más? Porque quizá la amistad del Gato Confite, de la Vaca Estudiosa y de todas las buenísimas personas que viven en esta casa de papel, acabe por convertirlo en un duende inofensivo y juguetón con sonrisa de choclo.

Por lo tanto, si algún día ustedes andan por Brasil y oyen hablar de Tutú Marambá, no tengan miedo. No los va a asustar. Lo más probable es que los lleve de la mano por la selva, presentándoles a todo bicho viviente: monitos, lagartijas, papagayos.

María Elena Walsh

EL ÁRBOL DE GUITARRITAS

En Portugal he visto un árbol
florecido de guitarritas.
Íbamos todos a cantar:
arañas, sapos, señoritas.

Las ovejas, que son muy tontas,
seriamente se las comían.
El árbol las miró enojado
con sus hojas de cartulina.

—¿No saben, no saben ustedes
que la música no es comida?
Son guitarritas de cantar,
azules, verdes, amarillas.

Los bichofeos con solfeo
y las sardinas con sordina,
los caracoles con bemoles,
cada cual con su musiquita.

El concierto desafinado
se escuchó desde muy arriba,
y a las nubes malhumoradas
les dolió mucho la barriga.

Y pronto el árbol se quedó
sin una sola guitarrita.
Un árbol triste como todos.
En Portugal. Y no es mentira.

LA MONA JACINTA

La mona Jacinta
se ha puesto una cinta.

Se peina, se peina,
y quiere ser reina.

Mas la pobre mona
no tiene corona.

Tiene una galera
con hojas de higuera.

Un loro bandido
le vende un vestido,

un manto de pluma
y un collar de espuma.

Al verse en la fuente
dice alegremente:

11

—¡Qué mona preciosa,
parece una rosa!

Levanta un castillo
de un solo ladrillo,

rodeado de flores
y sapos cantores.

La mona cocina
con leche y harina,

prepara la sopa
y tiende la ropa.

Su marido mono
se sienta en el trono.

Sus hijas monitas
en cuatro sillitas.

ASÍ ES

El cielo es de cielo,
la nube es de tiza.
La cara del sapo
me da mucha risa.

La luna es de queso
y el sol es de sol.
La cara del sapo
me da mucha tos.

EL GATO CONFITE

Al gato Confite
le duele la muela,
y no va a la escuela.

Muy alta, muy seria,
su pena gatuna
llega hasta la luna.

La carne picada
se quedó hace rato
dormida en el plato.

Papel papelito
cuelga de un hilito
finito, finito.

La casa está quieta,
todos los ratones
en sus camisones.

Los chicos se acercan,
besan a Confite
para que no grite.

El perro dentista
le ha recetado
bombón de pescado.

No hay nada más triste,
más triste que una
tristeza gatuna,
gatuna, gatuna.

MEDIODÍA

Mediodía, mediodía,
con un dedo en el agua fría.

Digo que no, digo que sí,
digo que venga el colibrí.

Caballo de mazapán,
vámonos a Tucumán,

a ver si baja la araña
despacito por la montaña.

CANCIÓN DE TÍTERES

Da la media vuelta,
toca el cascabel,
roba caramelos
en el almacén.

A ver, a ver, a ver...

Me caigo, me caigo,
me voy a caer.
Si no me levantan
me levantaré.

A ver, a ver, a ver...

Diez y diez son cuatro,
mil y mil son seis.
Mírenme, señores,
comiendo pastel.

A ver, a ver, a ver...

Por la calle vienen
la Reina y el Rey,
un oso de miga
y otro de papel.

A ver, a ver, a ver...

Este gran secreto
sólo yo lo sé:
cuando llueve, llueve.
Cuando hay luz se ve.

A ver, a ver, a ver...

Contemos un cuento,
una, dos y tres,
que acabe al principio
y empiece después.

A ver, a ver, a ver...

Los espadachines,
con un alfiler,
pinchan a la estrella
del amanecer.

A ver, a ver, a ver...

CANCIÓN DE LAVANDERA

Lávate paloma,
con aire mojado,
las patas y el pico,
la pluma y el vuelo volando volando.

Lávate la sombra,
luna distraída,
con jabón de estrella
y espuma de nube salina salina.

Lávate las hojas,
dormido verano,
con agua llovida
y esponja de viento salado salado.

El aire me lava,
la luz me despeina,
la traviesa espuma
me pondrá peluca de reina de reina.

SOY JARDINERO

Duende azul,
aquí estoy,
la mano color de tierra,
el ojo color de flor.

Un espejo
tengo yo:
me veo nariz de hoja,
pelo de hierba con sol.

Canta el viento
su canción.
Musiquita de tijera
yo le pongo alrededor.

La lombriz
me llamó.
La abeja tonta me dijo
su cuento de miel y olor.

En la tierra
está Dios
asomando cada día
con un puñado de amor.

Inclinado
corazón,
yo no sé cómo es el cielo,
pero no ha de ser mejor.

ESTACIONES

Verano, verano,
manzana con un gusano.

Primavera, primavera,
el gusano tiene galera.

Otoño, otoño,
la galera tiene un moño.

Invierno, invierno,
el moño es de trigo tierno.

23

CANCIÓN DE LA MONJA EN BICICLETA

Se me ha sentado un ángel
en el manubrio.
Me acarician las alas
del ángel rubio.

Estaba muy cansado
de volar siempre,
por eso me ha pedido
que lo pasee.

La gente por la calle
mira y se ríe
de la monja contenta
y el ángel triste.

Hermano viento, ayuda
nuestra carrera;
queremos ir al cielo
en bicicleta.

LA VACA ESTUDIOSA

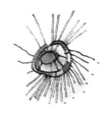

Había una vez una vaca
en la Quebrada de Humahuaca.

Como era muy vieja, muy vieja,
estaba sorda de una oreja.

Y a pesar de que ya era abuela
un día quiso ir a la escuela.

Se puso unos zapatos rojos,
guantes de tul y un par de anteojos.

La vio la maestra asustada
y dijo: —Estás equivocada.

Y la vaca le respondió:
—¿Por qué no puedo estudiar yo?

La vaca, vestida de blanco,
se acomodó en el primer banco.

Los chicos tirábamos tiza
y nos moríamos de risa.

La gente se fue muy curiosa
a ver a la vaca estudiosa.

La gente llegaba en camiones,
en bicicletas y en aviones.

Y como el bochinche aumentaba
en la escuela nadie estudiaba.

La vaca, de pie en un rincón,
rumiaba sola la lección.

Un día toditos los chicos
se convirtieron en borricos.

Y en ese lugar de Humahuaca
la única sabia fue la vaca.

EL PEZ TEJEDOR

Al pez se le antoja
sentarse en la silla.
El agua lo moja
bajo la canilla.

Saca las agujas,
se pone a tejer.
Las ranas granujas
lo vienen a ver.

Al pez se le antoja
quedarse sentado.
El agua lo moja,
ya está bien mojado.

Abre su sombrilla
de hierba y de hoja,
se sienta en la silla
y el agua lo moja.
Porque se le antoja.

¿QUIÉN?

¿Quién pinta, quién pinta
la flor con rocío
y el cielo con tinta?

¿A quién se le pierde
encima del árbol
su pintura verde?

¿Quién mueve, quién mueve
la cola del viento
y la de la nieve?

¿Quién marcha, quién marcha
con gorro de nube,
con capa de escarcha?

EL VENDEDOR DE SUEÑOS

Vendo sueños con gusto a caramelo,
países raros, lentas maravillas,
ángeles que dan cine por el cielo,
y relámpagos para pesadillas.

Sueños como trapitos de colores,
imágenes y muchas otras cosas.
Algunos tienen pájaros y flores.
Otros, infierno y brujas espantosas.

Sueños y sueños para todo gusto:
cajas de azufre, paquetitos rojos.
Lágrimas o canción, amor o susto
para los niños que cierran los ojos.

Llevo en mi cesta el mágico tesoro.
¡A ver quién me lo compra, quién me llama!
Dejen afuera su moneda de oro,
y mírenme pasar desde la cama.

LOS CASTILLOS

Los castillos se quedaron solos,
sin princesas ni caballeros.
Solos a la orilla de un río,
vestidos de musgo y silencio.

A las altas ventanas suben
los pájaros muertos de miedo.
Espían salones vacíos,
abandonados terciopelos.

Ciegas sueñan las armaduras
el más inútil de los sueños.
Reposan de largas batallas,
se miran en libros de cuentos.

Los dragones y las alimañas
no los defendieron del tiempo.
Y los castillos están solos,
tristes de sombras y misterio.

PÁJARO LOCO

Pájaro loco,
toca la flauta,
la primavera
come naranjas.

Pájaro loco,
fuma la pipa,
la primavera
viene de prisa.

Pájaro loco,
sube a la rama,
la primavera
vendrá mañana.

LONDRES

Señoras con sombrero toman té.
Señores con galera toman té.
Niños con gorra y pecas toman té.
Estatuas con babero toman té.

Las ardillas del bosque toman té.
Los guardias de la torre toman té.
Los jueces con peluca toman té.
La reina manda que se tome té.

MILONGA
DEL HORNERO

Pasto verde, pasto seco
en San Antonio de Areco.

El hornero don Perico
hace barro con el pico.

Un gorrión pasa y saluda:
—¿No necesitan ayuda?

—No precisamos ladrones
—le contestan los pichones.

Cuando el nido está acabado
dan un baile con asado.

Doña Perica la hornera
baila zamba y chacarera.

Vuelve el gorrión atorrante
vestido de vigilante.

Haciéndose el distraído
roba miguitas del nido.

—¡Papá! —gritan los pichones—,
¡han entrado los ladrones!

Don Perico ve al gorrión
y lo obliga a ser peón.

Doña Perica lo llama
y lo toma de mucama.

Los pichones, de niñera
que les dé la mamadera.

El gorrión lava y cocina,
barre, plancha, cose y trina.

Miren miren qué primor,
un ladrón trabajador.

LA ESCUELA DE RATONES

ríquiti tras, tríquiti tras,
la trompa delante y el rabo detrás.

Los ratones van a la escuela
de noche, con una vela.

Ratones tuertos con anteojos,
ratones con bonetes rojos,
ratones llenos de puntillas,
ratones en zapatillas.

Aprenden a comer queso
y después se dan un beso.
Aprenden a mover la cola
y a bailar en la cacerola.

La maestra dibuja en la harina
el mapa de la cocina.
Les muestra fotografías
de gatos en comisarías,

y cuando no hacen los deberes
los pincha con alfileres.

Los ratones vienen de la escuela
con un cuaderno y una vela.

Tríquiti tras, tríquiti tras,
la trompa delante y el rabo detrás.

LA BRUJA

La bruja, la bruja
se quedó encerrada
en una burbuja.

La bruja, la boba,
con escoba y todo
con todo y escoba.

Está prisionera,
chillando y pateando
de mala manera.

Tiene un solo diente,
orejas de burro
y un rulo en la frente.

Que llore, que gruña,
que pique su cárcel
con diente y con uña.

El loro la chista,
se ríe y la espía
con un largavista.

A su centinela,
lechuza mirona,
le da la viruela.

Que salte, que ruede,
que busque la puerta,
que salga si puede.

¡Se quedó la bruja
presa para siempre
en una burbuja!

CANCIÓN DEL PESCADOR

Pez de platino,
Fino, fino,
ven a dormir en mi gorro marino.

Perla del día,
fría, fría,
ven a caer en mi bota vacía.

Feo cangrejo,
viejo, viejo,
ven a mirarte el perfil en mi espejo.

Flaca sirena,
buena, buena,
ven a encantar mi palacio de arena.

Señora foca,
loca, loca,
venga a tocar el tambor en la roca.

Pícara ola,
sola, sola,
ven a jugar con tu traje de cola.

Un delfín
que toque el violín
voy a pescar con mi red marinera,

y me espera
para bailar,
loca de risa la espuma del mar.

EL PERRO LOQUITO

Doña Disparate corre a la botica
a comprar remedios para su perrito,
pero cuando vuelve, cargada de frascos,
el perro se peina, curado del hipo.

Doña Disparate va a comprar un hueso
y revoluciona la carnicería,
pero cuando vuelve su perro está en cama
sufriendo de un fuerte dolor de barriga.

Doña Disparate corre, salta y vuela
por las avenidas, llamando al doctor,
pero cuando llega su perro se muere,
con el rabo tieso y el ombligo al sol.

Doña Disparate llama a los bomberos,
a la policía y al sastre y al cura,
pero cuando llegan todos, el perrito
está muy contento bailando la rumba.

Doña Disparate va a comprar un moño,
agua de colonia, jabón y cepillo,
pero cuando llega, llena de paquetes,
el perrito come dulce de membrillo.

Doña Disparate sigue disparando
con cuarenta diablos en las zapatillas,
mientras el perrito se queda en la casa,
sentado tranquilo fumando la pipa.

LA FAMILIA POLILLAL

La polilla come lana
de la noche a la mañana.

Muerde y come, come y muerde
lana roja, lana verde.

Sentadita en el ropero
con su plato y su babero,

come lana de color
con cuchillo y tenedor.

Sus hijitos comilones
tienen cunas de botones.

Su marido don Polillo
balconea en un bolsillo.

De repente se avecina
la señora Naftalina.

Muy oronda la verán,
toda envuelta en celofán.

La familia polillal
la espía por un ojal,

y le apunta con la aguja
a la Naftalina bruja.

Pero don Polillo ordena:
—No la maten, me da pena;

vámonos a otros roperos
a llenarlos de agujeros.

Y se van todos de viaje
con muchísimo equipaje:

las hilachas de una blusa
y un paquete de pelusa.

EL PAÑUELITO

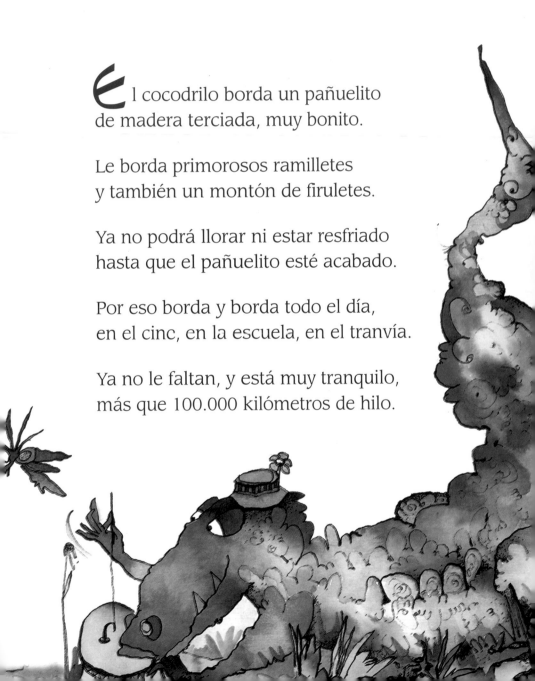

El cocodrilo borda un pañuelito
de madera terciada, muy bonito.

Le borda primorosos ramilletes
y también un montón de firuletes.

Ya no podrá llorar ni estar resfriado
hasta que el pañuelito esté acabado.

Por eso borda y borda todo el día,
en el cinc, en la escuela, en el tranvía.

Ya no le faltan, y está muy tranquilo,
más que 100.000 kilómetros de hilo.

LA RATITA OFELIA

La ratita Ofelia,
con su cola fina,
amaneció muerta en la piscina.

Qué triste, qué sola
flotaba y se iba
con la barriguita para arriba.

Barriguita gris,
cola que dormía
en el agua fría fría fría.

A su alrededor,
hojas y ramitas
coloradas, verdes y marchitas.

La ratita Ofelia
que se moja moja
¿quiso navegar en una hoja?

¿O quiso mirarse
la trompa rosada
porque estaba muy enamorada?

¿Se cayó en el agua
disparando de unos
ojos amarillos y gatunos?

Una rana loca
que está de visita
dice: ¡pobrecita, pobrecita!

Allá se va muerta,
con su gran pollera
hecha de hojas de la primavera.

NADA MÁS

Con esta moneda
me voy a comprar
un ramo de cielo
y un metro de mar,
un pico de estrella,
un sol de verdad,
un kilo de viento,
y nada más.

CANCIÓN TONTA

¡Tilín, tilín, tilín!
El gato y el violín.

La vaca vacuna
se trepa a la luna.

La oveja está sola
con traje de cola.

A la flor canela
le duele la muela.

¡Talán, talán, talán!
Yo soy el capitán.

A VER

—**A** ver —dijo el grillo—
quién corta la luna
con este cuchillo.

—A ver —dijo el perro—
quién le pega al diablo
con vara de hierro.

—A ver —dijo el sapo—
quién trae la lluvia
envuelta en un trapo.

—A ver —digo yo—
quién caza la sombra
que ya se escapó.

COSAS

El mono colgado del árbol,
cuando se caiga se caerá.

El pájaro loco en el nido,
cuando se vuele ya no estará.

La vieja come manzanas:
cuando las coma no tendrá más.

El caballo en la calesita,
cuando dé vueltas se moverá.

El zapatero clava el zapato,
cuando lo clave terminará.

El barco se va a la China.
Cuando vuelva regresará.

EL PASTEL DE PAJARITOS

ay 25 pajaritos
encerrados en el pastel.
Hay 25 pajaritos
y una cucharada de miel.

El Rey está en la torre
contando monedas de oro.
El Rey está en la torre
con una lechuza y un loro.

La Reina está en el salón
comiendo pan con mantequilla.
La Reina está en el salón
con una corona amarilla.

La criada está en la cocina,
llena de rulos de jabón.
La criada está en la cocina
cantando una larga canción.

El cocinero se ríe
con una sartén en la mano.
El cocinero se ríe
y la princesa toca el piano.

Cuando corten el pastel
los pajaritos cantarán.
¡Cuando corten el pastel
la Reina y el Rey qué dirán!

DESASTRES

Doña Disparate llama al heladero
para que la deje chupar un helado.
El hombre le dice: —Muéstreme el dinero.
Pero ella no tiene ni cinco centavos.
No tiene ni cinco, ni cinco centavos.

Doña Disparate va a pescar ballenas,
con caña, escopeta, fusil y pistola,
pero toda el agua que encuentra en el mundo
cabe en el cacharro de lavar la ropa.
El agua es tan poca, tan poca, tan poca.

Doña Disparate va a buscar un bicho
que vive en un árbol muy alto, muy alto.
Se quiebra la rama, y la vieja pícara
¡patapún! se cae sentada en un charco.
Se cae sentada, sentada en un charco.

Doña Disparate persigue perdices
con una tijera y un hilo y aguja.
Las busca y las llama por montes y campos,
pero de perdices no queda ninguna.
No queda ninguna, ninguna, ninguna.

Doña Disparate tropieza en la calle
con una pelota de nieve nevada.
La pone a guisar, prepara su plato,
mas cuando abre el horno ya no queda nada.
No queda más nada de nieve nevada.

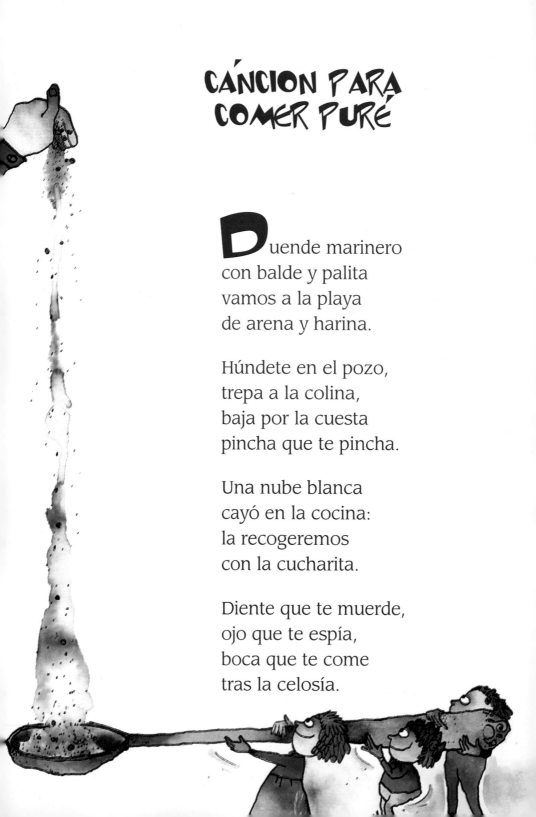

CANCIÓN PARA COMER PURÉ

Duende marinero
con balde y palita
vamos a la playa
de arena y harina.

Húndete en el pozo,
trepa a la colina,
baja por la cuesta
pincha que te pincha.

Una nube blanca
cayó en la cocina:
la recogeremos
con la cucharita.

Diente que te muerde,
ojo que te espía,
boca que te come
tras la celosía.

VILLANCICO NORTEÑO

En un ranchito de adobe
ha nacido el Niño Dios.
Aquí vengo con mi caja
a cantarle una canción.
La Virgen come manzanas,
San José tiene calor.

Por la quebrada vienen
los Reyes Magos,
cargados de alfeñiques,
miel y duraznos.

Miel y duraznos sí,
para la guagua
que nos está mirando
dentro del alma.

Llora en su cuna de paja
el Niño muerto de sueño.

Con sus alas lo abanican
ángeles catamarqueños.
La Virgen oye los pájaros
y San José cuenta un cuento.

Por la quebrada vienen
los Reyes Magos;
traen un poncho fino
y otros regalos.

Y otros regalos sí,
para la guagua
que ha venido a salvarnos
de cosas malas.

Por la ventana del rancho
espían los animales.
Una corzuela curiosa
abre los ojos muy grandes.
La Virgen peina sus trenzas
y San José toma mate.

Los Reyes Magos vienen
por la quebrada.
Traen dulce de tuna,
leche de cabra.

Leche de cabra sí,
para la guagua.
Dios misericordioso
que nos ampara.

Todavía no han llegado
los doctores ni los ricos.
Sólo vinimos los pobres,
animales y changuitos.
La Virgen nos acaricia
y San José nos bendijo.

Por la quebrada abajo
traen los Reyes
una corona de oro
y otros juguetes.

Y otros juguetes sí,
para la guagua,
que nació para darnos
fe y esperanza.

CALLES DE PARÍS

París con gabán de pizarra.
París con peluca de nieve.
Los parques vacíos de niños
se cubren de sueño celeste.

Las calles mojadas recogen
el canto de un ciego. Oscurece.
Detrás de todas las ventanas
humea la sopa caliente.

Las torres se caen al río.
El ómnibus cruza los puentes.
Se hielan allá en los museos
las barbas en flor de los reyes.

Faroles que abren el ojo.
Guardianes que cierran canceles.
Detrás de todas las ventanas
los niños harán los deberes.

MARCHA DEL MICHIMIAU

Confite Michimiau es empleado
en una usina de ronrón.
Duerme, réqueteduerme todo el día.
Ronca, réqueterronca dormilón.

Ton es el Capitán de Ratipumba,
tiene dos sables y un bastón.
Pincha, réquetepincha ratoncito
la cola de Confite dormilón.

Confite le dispara una amenaza,
¡fffff! un tiro de sifón.
Se pisa los bigotes pero avanza
a paso redoblado y redoblón.

Ton dice: —Usted disculpe, mister X,
lo confundí con un botón,
vine con mis agujas a coserlo
en el bolsillo de mi pantalón.

Confite Michimiau responde: —Entonces,
venid, señor, a mi almohadón.
Brindemos con un chupetín de leche,
pídoos mil perdones y perdón.

Hace ya cuatro días y ocho meses
de esta gran reconciliación.
Ton y Confite están jugando al ludo
y fuman una pipa de turrón.

Confite Michimiau está fundando
el club "Amigos del Ratón",
y Ton va a organizar una colecta
en pro del Michimiau sin almohadón.

Confite Michimiau y Ton Ratini
van a bailar el pericón.
Bailen, réquetebailen, amiguitos.
Muerdan, réquetemuerdan un bombón.

DOÑA DISPARATE

Doña Disparate,
nariz de batata,
se olvida, se olvida
de cómo se llama.

Se olvida el rodete
detrás de la puerta,
duerme que te duerme
cuando está despierta.

Se quita el zapato,
se pone el tranvía,
bebe la botella
cuando está vacía.

No sabe, no sabe,
y aprieta un botón
para que haya luna
o se apague el sol.

Oye con el diente,
habla con la oreja,
con un cucharón
barre la vereda.

—¡Señor boticario,
véndame tornillos!
—¡Señor verdulero,
hágame un vestido!

"¡Guau!", dice el felpudo.
"¡Miau!", dice la jarra.
¡Que yo soy el perro!
¡Que yo soy la gata!

Doña Disparate,
nariz de merengue,
se "ecovica", digo
se equivoca siempre.

LA PÁJARA PINTA

Estaba la Pájara Pinta
sentadita en el verde limón.
Con el pico cortaba la rama,
con la rama cortaba la flor.
Ay ay ay,
dónde estará mi amor.

CANCIÓN TRADICIONAL

Yo soy la Pájara Pinta,
viuda del Pájaro Pintón.
Mi marido era muy alegre
y un cazador me lo mató,
con una escopetita verde,
el día de San Borombón.

Una bala le mató el canto
–y era tan linda su canción–
la segunda le mató el vuelo,
y la tercera el corazón.
Ay ay, la escopetita verde,
ay ay, mi marido Pintón.

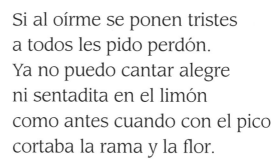

Si al oírme se ponen tristes
a todos les pido perdón.
Ya no puedo cantar alegre
ni sentadita en el limón
como antes cuando con el pico
cortaba la rama y la flor.

Yo soy la Pájara Pinta,
si alguien pregunta dónde estoy
le dirán que me vieron sola
y sentadita en un rincón,
llorando de melancolía
por culpa de aquel cazador.

Al que mata los pajaritos
le brotará en el corazón
una bala de hielo negro
y un remolino de dolor.
Ay ay, la escopetita verde,
ay ay, mi marido Pintón.

LOS GATOS DE PARÍS

Los gatos tienen oficinas
y gafas sobre la nariz.
Los gatos son los capitanes
de París.

Están sobre los mostradores
y saben leer y escribir.
Se perfuman los bigotazos
con anís.

A la mañana tempranito
desayunan con chupetín.
De noche roncan entre sábanas
de jazmín.

Se bañan en leche caliente
y se secan con perejil,
cuidando de no salpicarse
el botín.

Señores gatos barrigones,
señores gatos de París,
yo quiero que ustedes vengan
por aquí.

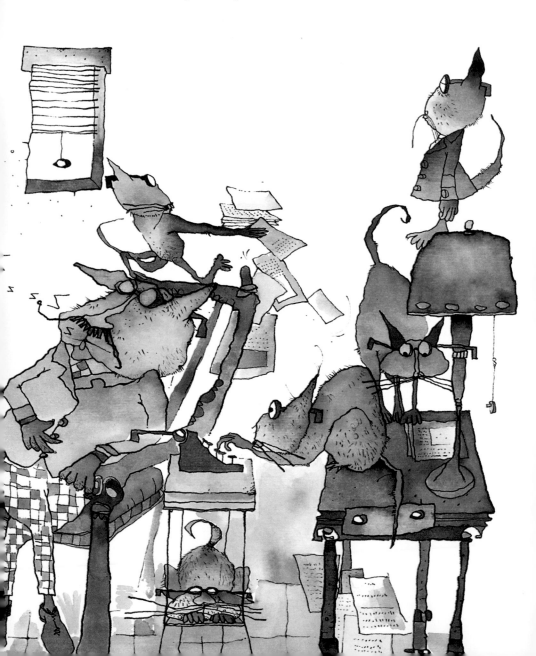

MARCHA DEL REY BOMBO

Les vamos a contar
un cuento de maravilla:
la historia del Rey Bombo
y de la Reina Bombilla.

Por esta ventanita
el Rey mirará la luna,
y escupirá el carozo
cuando coma una aceituna.

Sobre esta linda alfombra
pondrá la Reina Bombilla
su zapatilla de oro,
su dorada zapatilla.

Al Rey Bombo le gusta
dormir y comer bananas,
armar rompecabezas,
soñar toda la semana.

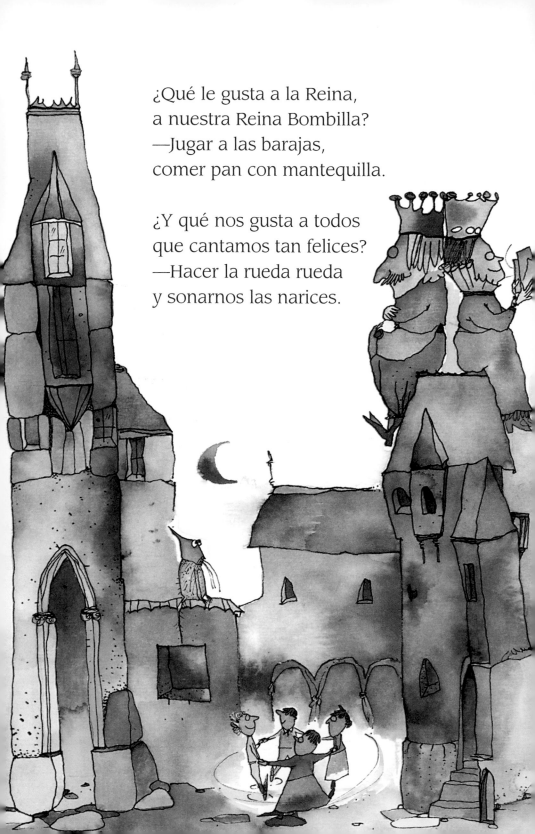

¿Qué le gusta a la Reina,
a nuestra Reina Bombilla?
—Jugar a las barajas,
comer pan con mantequilla.

¿Y qué nos gusta a todos
que cantamos tan felices?
—Hacer la rueda rueda
y sonarnos las narices.

CANCIÓN DE COSTURERA

Miren mi carroza
de mil carreteles
cómo suena y rueda
por calles y puentes.

Flaca lagartija
con un solo ojo,
la aguja se escapa
vestida de rojo.

Se escapa y se mete
sin pedir permiso
en la casa rubia
del botón de vidrio.

Mírenme llevada
por mil maniquíes
a la calesita
de los colorinches.

Miren mi palacio
de trapo celeste,
vengan a la boda
de los alfileres.

A la rueda rueda
del canto y la aguja,
aquí se terminan
canción y costura.

EL CHARANGO

Indios cazadores
me llevan al baile.
del hoyo a la fiesta,
de la cueva al aire.

    Bicho fui,
    soy mandolín.

A mi vida seria
de señor quirquincho
prefiero mi muerte
con carnavalitos.

    Bicho fui,
    soy mandolín.

Antes, con los ojos
abiertos veía
nada más que un mundo
de paja y arcilla.

Bicho fui,
soy mandolín.

Ahora descubro,
con mis ojos ciegos,
un mundo de ronda
que parece cielo.

Bicho fui,
soy mandolín.

Caja de cristales
será mi barriga,
verán cómo canto
si me hacen cosquillas.

Bicho fui,
soy mandolín.

TRÍNGUITI TRÁNGUITI

Trínguiti Tránguiti
de firulete,
duerme la siesta
con un bonete.

Trínguiti Tránguiti
de bombasí,
todas las noches
come maní.

Trínguiti Tránguiti
de perejil,
en un zapato
se va a Brasil.

Trínguiti Tránguiti
bebe la tinta.
(Esto me dijo
la Pájara Pinta.)

DIENTEFLOJO

Dienteflojo, me hamaco
para allá, para aquí,
en mi cueva rosada,
chiribín chin chin.

Que me voy, que me caigo
en un chocolatín,
que me vuelo volando,
chiribín chin chin.

Los ratones me esperan
con un largo piolín,
para atarme y llevarme,
chiribín chin chin.

Y llevarme a su casa
de pelusa y maní.
Que me voy, que me caigo,
chiribín chin chin.

CANCIÓN DE CUNA PERRUNA

Una vez,
un perro cachafaz
aprendió
a ser cantor de jazz.
Estaba cantando
muy tranquilo cuando
se cayó dormido para atrás.

Otra vez,
un perro bailarín,
aprendió
a tocar el violín.
Iba muy despierto
a dar un concierto,
cuando se durmió sobre un patín.

Una vez
un perro militar
a la guerra

se fue para pelear.
Se quedó dormido
con un gran ronquido,
ni el cañón lo pudo despertar.

Otra vez,
un perro dormilón
aprendió
a tocar el trombón.
Tocaba en la orquesta,
en una gran fiesta,
cuando se durmió en un almohadón.

LOS AMIGOS

La vida canta, el tiempo vuela,
la dicha florece temprano.
Vamos al circo y a la escuela.
Mis amigos me dan la mano.

Seré su espejo verdadero,
su sombra fresquita, su hermano.
Yo los ayudo, yo los quiero.
Mis amigos me dan la mano.

Juguemos al amor profundo.
La voz leal, el ojo sano.
Vamos a visitar el mundo.
Mis amigos me dan la mano.

Vamos a todo lo que existe
–ronda de hoy, juego lejano–
sin quedar solo ni estar triste.
Mis amigos me dan la mano.

BALADA DE HORMIGÓN ARMADO

Al desierto de Arizona
una hormiga va en avión
a buscar una semilla de limón.
Al pasar un hormiguero
se enamora de Hormigón,
porque tiene bigotito y un bastón.

Hormigón, Hormigón Armado,
tuyo es mi corazón.

Al desierto de Arizona
otra hormiga llega en tren,
a tomar un copetín de kerosén.
Al pasar el hormiguero
Hormigón le dice: —Ven.
Mas la hormiga se da vuelta con desdén.

Hormigón, Hormigón Armado,
chau, que te vaya bien.

A la hormiga enamorada
Hormigón la despreció,
y a la otra sinvergüenza conquistó.
Las hormigas de Arizona
prepararon un complot.
Todas juntas con horror dijeron: —¡Oh!

Hormigón, Hormigón Armado,
no seas malo, no.

Las hormigas solidarias
fueron todas para allá,
de la mano del papá y de la mamá.
Le dijeron: —Esa hormiga,
ay, qué enamorada está.
Y Hormigón, indiferente, dijo: —¡Bah!

Hormigón, Hormigón Armado,
ay, qué barbaridad.

Se fugaron una noche
la coqueta y Hormigón.
Arizona se llenó de compasión
por la hormiga enamorada
que, sentada en el limón,
sollozando repetía su canción.

Hormigón, Hormigón Armado,
tuyo es mi corazón.

Las hormigas de Arizona
le llevaron una flor,
y la pobre dijo: —Mmmmm, qué rico olor.
Le dio dos o tres mordiscos,
toda llena de rubor,
y después, cantando, se murió de amor.

Hormigón, Hormigón Armado,
ven a probar la flor.

JUANCITO VOLADOR

Juancito quiere volar
sentado en un barrilete.
Sus amigos lo remontan
con su trompo y su bonete.

Se encuentra con una nube,
con una nube muy rubia,
que está bordando un pañuelo
con los hilos de la lluvia.

Juancito sigue volando
y se encuentra con el viento,
que tiene una capa verde
por afuera y por adentro.

Sube un poco más arriba
y se encuentra con la luna,
que está haciendo una empanada
de caramelo y azúcar.

Sube un poco más arriba
y se encuentra con el sol,
que tiene un palacio de oro
y está muerto de calor.

Encuentra muchas estrellas
que juegan a la escondida,
y a una palomita blanca
que en el cielo está perdida.

Los árboles lo saludan
cuando Juancito aterriza.
Sus amigos le dan tortas
y su mamá una paliza.

DON DOLÓN DOLÓN

(La señora Noche)

Duermo en el aljibe
con mi camisón apolillado,
don dolón dolón,
duermo en el aljibe con mi camisón.

No son las polillas,
son diez mil estrellas que se asoman,
don dolón dolón,
por entre los pliegues de mi camisón.

Cuando sale el sol
tengo que meterme en el aljibe
don dolón dolón,
duermo en el aljibe con mi camisón.

Cuando yo aparezco
todos duermen y la araña teje,
don dolón dolón,
salgo del aljibe con mi camisón.

A ver si adivinan,
a ver si adivinan quién es ésta,
don dolón dolón,
que está en el aljibe con su camisón.

DATOS BIOGRÁFICOS DE MARÍA ELENA WALSH

Fotografía Sara Facio

Poeta, novelista, cantante, compositora, guionista de teatro, cine y televisión, es una figura esencial de la cultura argentina. Nació en Buenos Aires, en 1930.

Estudió en la Escuela Nacional de Bellas Artes. A los quince años comenzó a publicar sus primeros poemas en distintas revistas y medios, y dos años después, en 1947, apareció su primer libro de versos: *Otoño imperdonable*. En 1952 viajó a Europa donde integró el dúo Leda y María, con la folclorista Leda Valladares, y juntas grabaron varios discos. Hacia 1960, de regreso a la Argentina, escribió programas de televisión para chicos y para grandes, y realizó el largometraje *Jugue-mos en el mundo*, dirigida por María Herminia Avellaneda. En 1962 estrenó *Canciones para Mirar* en el teatro San Martín, con tan buena recepción por parte del público infantil que, al año siguiente, puso en escena *Doña Disparate y Bambuco*, con idéntica respuesta. En la misma década, nacieron muchos de sus libros para chicos: *Tutú Marambá* (1960), *Zoo Loco* (1964), *El Reino del Revés* (1965), *Dailan Kifki* (1966), *Cuentopos de Gulubú* (1966) y *Versos tradicionales para cebollitas* (1967). Su producción infantil abarca, además, *El diablo inglés* (1974), *Chaucha y Palito* (1975), *Pocopán* (1977), *La nube traicionera* (1989), *Manuelita ¿dónde vas?* (1997) y *Canciones para Mirar* (2000).

Sus creaciones se han constituido en verdaderos clásicos de la literatura infantil, cuya importancia trasciende las fronteras del país, ya que han sido traducidas al inglés, francés, italiano, sueco, hebreo, danés y guaraní.

Entre sus personajes más famosos se destaca *Manuelita la tortuga*, que fue llevado al cine en dibujos animados con gran éxito.

En 1991 fue galardonada con el Highly Commended del Premio Hans Christian Andersen de la IBBY (International Board on Books for Young People).

ÍNDICE

PARA SEGUIR LEYENDO
Y CANTANDO...

Canciones para Mirar
de MARÍA ELENA WALSH

Es el libro más esperado por grandes y chicos.
Por primera vez, todas las canciones infantiles de
María Elena Walsh son reunidas en un único volumen
que merece un lugar destacado en tu biblioteca.
Si te gusta cantar, este libro será tu favorito.

Esta quinta reimpresión de
Tutú Marambá
se terminó de imprimir
en el mes de julio de 2004
en Patagonia Industria gráfica,
Patagones 2768, Buenos Aires,
República Argentina.